ÉDITION CLUB DU LIVRE

Imprimé au canada

BRICOLONS
avec MICKEY

LIVRE-LOISIRS LTÉE   MONTRÉAL
Random House   New York

Un mot de Mickey

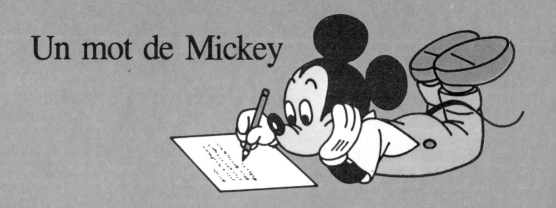

Chers petits amis,

Voici un livre de choses que vous pourrez fabriquer.
C'est un livre de bricolage très spécial parce que vous pouvez le lire vous-mêmes!
Les images vous aideront.
Mais ce n'est pas tout!
Les objets dont vous avez besoin sont faciles à trouver.
Chaque étape de réalisation est aussi très facile.
Enfin, après avoir terminé toutes ces choses, vous pourrez vous amuser.
Je vous souhaite beaucoup de plaisir!

Amitiés

Mickey

Marionnette Mickey

Vous pouvez fabriquer votre propre marionnette Mickey.

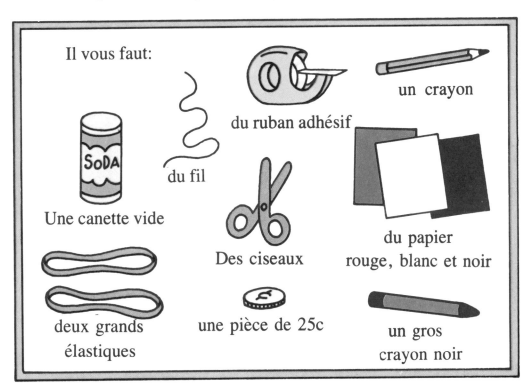

Il vous faut:

du ruban adhésif

un crayon

du fil

Une canette vide

Des ciseaux

du papier
rouge, blanc et noir

deux grands
élastiques

une pièce de 25c

un gros
crayon noir

1 A l'aide de la canette, faites un cercle sur le papier rouge, un autre sur le papier blanc et deux cercles sur le papier noir.

2 A l'aide de la pièce de 25¢ dessinez quatre cercles sur le papier blanc.

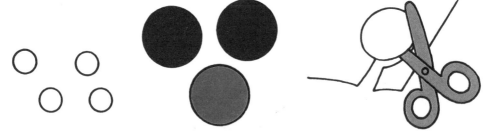

3 Découpez tous les cercles.

4 Dessinez le visage de Mickey sur le grand cercle blanc.

5 Coloriez les yeux et le nez de Mickey.

6 Coupez chaque élastique en deux.

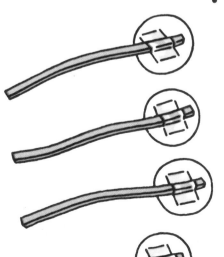

7 Prenez un morceau d'élastique et collez-le sur chaque petit cercle blanc.

Voilà les bras et les jambes de Mickey.

8 Collez les deux cercles noirs au dessus de la tête de Mickey.

Ce seront ses oreilles

9 Collez également les oreilles à l'endos du cercle.

10 Collez le cercle rouge sous le menton de Mickey.

Ce sera son corps.

11 Collez également le corps à l'endos.

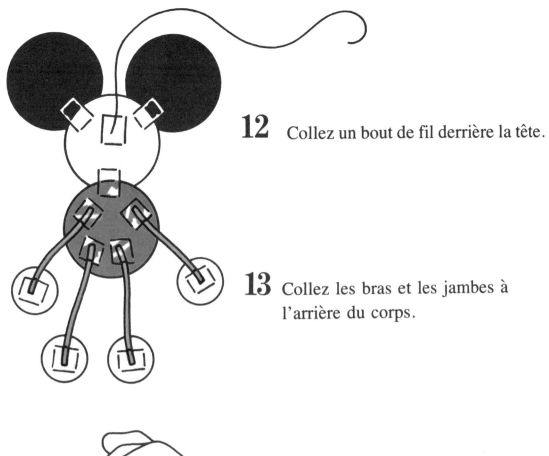

12 Collez un bout de fil derrière la tête.

13 Collez les bras et les jambes à l'arrière du corps.

Pour faire danser Mickey, remuez simplement le fil de haut en bas et les bras et les jambes prendront vie!

Balle surprise

Cette balle rebondit d'une façon inattendue.
Si vous amassez beaucoup d'élastiques, vous pourrez fabriquer cette balle surprise.

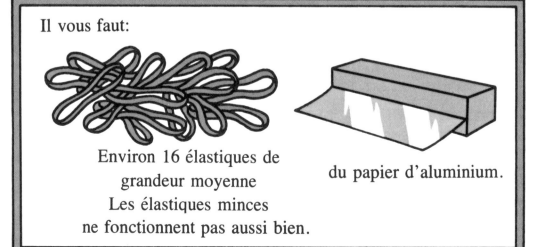

Il vous faut:

Environ 16 élastiques de grandeur moyenne
Les élastiques minces ne fonctionnent pas aussi bien.

du papier d'aluminium.

1 Déchirez un morceau de papier d'aluminium aussi grand que cette page.

2 Faites-en une boule, en pressant avec vos mains.

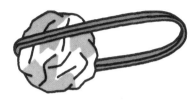

3 Disposez un élastique autour de la boule.

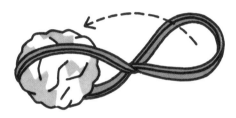

4 Tordez-le et remettez-le autour

5 Enroulez plusieurs autres élastiques autour de la boule.

6 Autant que possible, recouvrez tout le papier.

Maintenant, faites rebondir la balle mais attention!

L'ombre de Peter Pan

Peter Pan a perdu son ombre.
Vous pouvez la retrouver si vous faites ceci.

Tenez la page près de vos yeux.
Fixez le point noir sur Peter Pan,
Ne regardez que le point,
Et comptez jusqu'à 50.
Regardez un mur et clignez vos yeux.
Est-ce que l'ombre de Peter Pan est sur le mur?

La tirelire du Capitaine Crochet

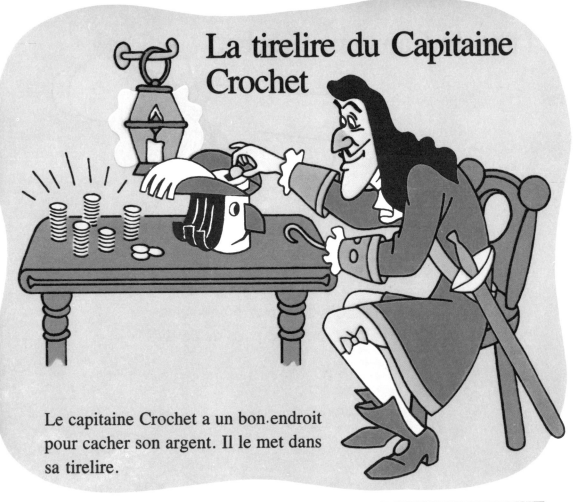

Le capitaine Crochet a un bon endroit pour cacher son argent. Il le met dans sa tirelire.

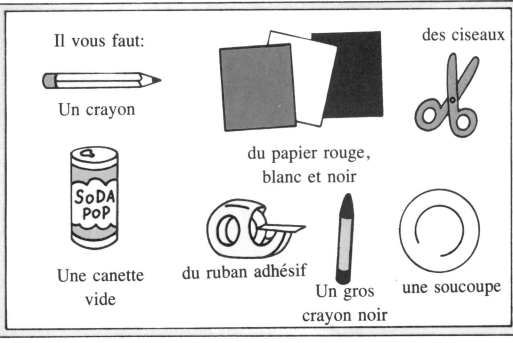

Il vous faut:

Un crayon

du papier rouge, blanc et noir

des ciseaux

Une canette vide

du ruban adhésif

Un gros crayon noir

une soucoupe

La tête du Capitaine Crochet

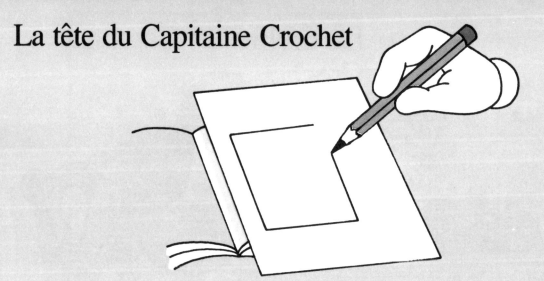

1 Placez une feuille de papier blanc sur le rectangle de la prochaine page de ce livre.

2 Tracez le rectangle.

3 Tracez les yeux et la moustache avec un gros crayon noir.

Ce sera le visage du capitaine Crochet.

Modèle pour tracer

4 Découpez le rectangle que vous avez tracé.

5 Entourez-le autour de la canette.

6 Collez le papier ensemble à l'endos.

Le trou sur la canette doit être en haut.

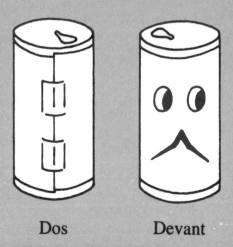

Dos   Devant

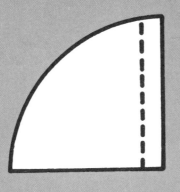

Modèle pour tracer.

7 Placez un morceau de papier blanc sur la forme en haut de cette page.

8 Tracez autour de la forme.

9 Tracez la ligne pointillée

10 Découpez la forme que vous avez tracée

Cette forme sera un patron pour découper.

11 Placez la forme sur le papier rouge et tracez tout autour.

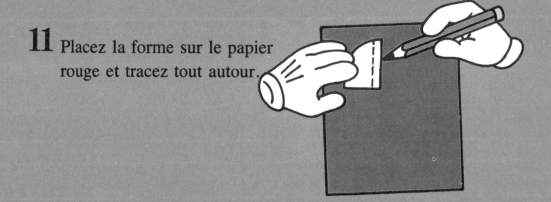

12 Découpez la forme rouge.

C'est le nez du capitaine Crochet.

13 Dessinez la ligne pointillée.

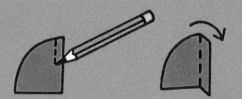

14 Pliez le nez sur la ligne pointillée.

15 Collez le nez sur le visage du capitaine Crochet.

Les cheveux du Capitaine Crochet

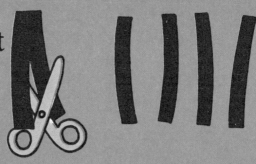

1 Découpez six bandes de papier noir

Chaque bande devrait avoir environ cette dimension

2 Enroulez le bout de chaque bande autour d'un crayon.

Les bandes seront les cheveux du capitaine Crochet.

3 Collez les cheveux derrière la tête du capitaine Crochet.

Le chapeau du Capitaine Crochet

1 Prenez une soucoupe pour tracer un cercle sur le papier rouge.

2 Découpez le cercle.

3 Placez la tête du capitaine Crochet au milieu du cercle rouge.

4 Tracez un cercle autour avec le crayon.

5 Découpez le cercle au centre du cercle.

6 Pliez les côtés du cercle rouge.

Modèle pour tracer

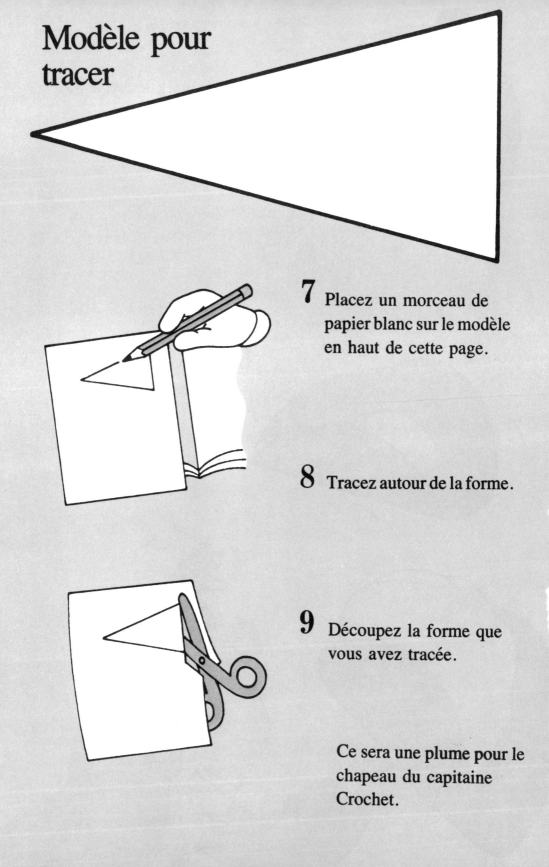

7 Placez un morceau de papier blanc sur le modèle en haut de cette page.

8 Tracez autour de la forme.

9 Découpez la forme que vous avez tracée.

Ce sera une plume pour le chapeau du capitaine Crochet.

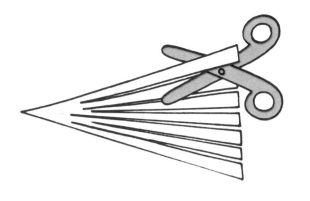

10 Découpez des bandes fines vers la pointe de la forme.

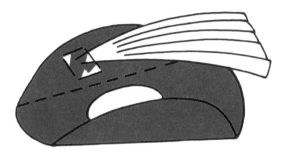

11 Collez la pointe de la plume sur un côté du chapeau.

12 Mettez le chapeau sur la tête du capitaine Crochet.

13 Collez le chapeau à la canette.

Maintenant, remplissez votre tirelire capitaine Crochet avec des pièces de monnaie.
Lorsqu'elle sera pleine, ouvrez-la avec un ouvre-boîte.

Lettres magiques

Qu'est-il écrit sur la banderolle de
Dumbo?
Pour le trouver, faites ceci:
Fermez un oeil.
Tenez le livre à plat
à la hauteur de votre autre oeil ouvert.

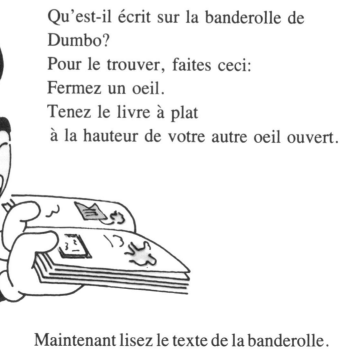

Maintenant lisez le texte de la banderolle.

Les oreilles de Dumbo

Les oreilles de ce jouet Dumbo bougent comme
celles du vrai Dumbo

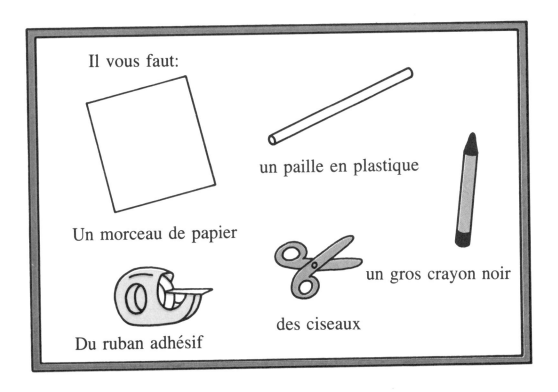

Il vous faut:

un paille en plastique

Un morceau de papier

un gros crayon noir

des ciseaux

Du ruban adhésif

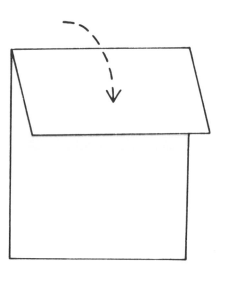

1 Pliez le papier en trois
parties égales.

Repliez le haut.

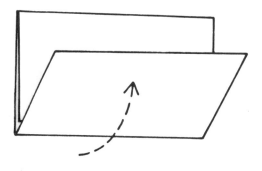

Repliez le bas

2 Placez la feuille de
papier comme ceci.

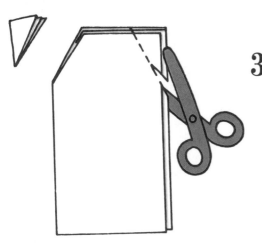

3 Coupez deux petits coins en haut.

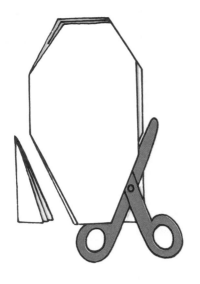

4 Coupez deux longs coins en bas.

5 Ouvrez le papier.

Voilà Dumbo.

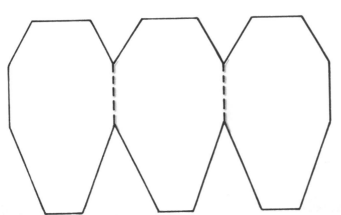

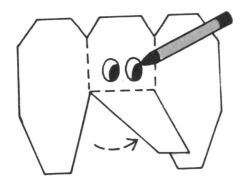

6 Dessinez les yeux sur le visage de Dumbo.

7 Pliez la trompe de Dumbo.

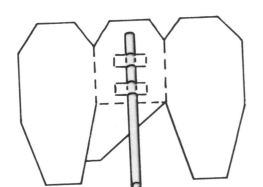

8 Collez la paille à l'endos de la tête de Dumbo.

Tenez l'extrémité de la paille, et faites bouger lentement Dumbo d'avant en arrière.
Ses oreilles bougent-elles?

Perroquet en papier

Tout pirate doit avoir un perroquet.
Notre pirate a un perroquet qui ne répète jamais et qui ne coûte rien à nourrir.

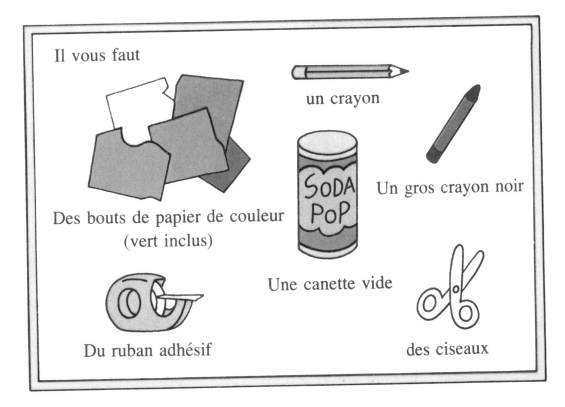

Il vous faut

un crayon

Un gros crayon noir

Des bouts de papier de couleur
(vert inclus)

Une canette vide

Du ruban adhésif

des ciseaux

1 Placez le distributeur à ruban adhésif sur le papier vert.

2 Dessinez la forme avec le crayon.

Si votre distributeur à ruban adhésif n'a pas cette forme, dessinez-la vous-même.

3 Découpez la forme que vous avez dessinée.

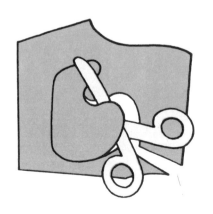

C'est la tête du perroquet.

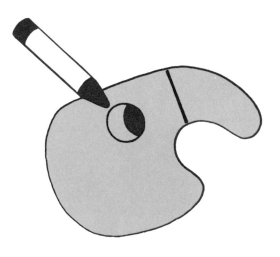

4 Dessinez une ligne sur chaque côté pour le bec.

5 Dessinez un oeil sur chaque côté.

6 Utilisez une canette pour faire un cercle sur du papier de couleur.

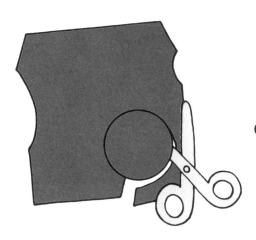

7 Découpez le cercle.

C'est le corps du perroquet.

8 Collez la tête au corps sur les deux côtés.

9 Découpez trois bandes de papier de couleur pour faire les plumes.

Chaque bande doit avoir à peu près cette dimension

10 Collez les plumes au perroquet.

Votre perroquet en papier sera très joli sur votre mur.

Les roues de Dingo

Dingo n'achète jamais d'essence.

Sa voiture fonctionne magiquement.

Regardez les roues.

Faites bouger le livre en faisant des petits cercles.

Voyez comme les roues tournent!

Jouet oscillant de Riri

Ce jouet est en équilibre tout comme Riri. Fabriquez-en un vous-même.

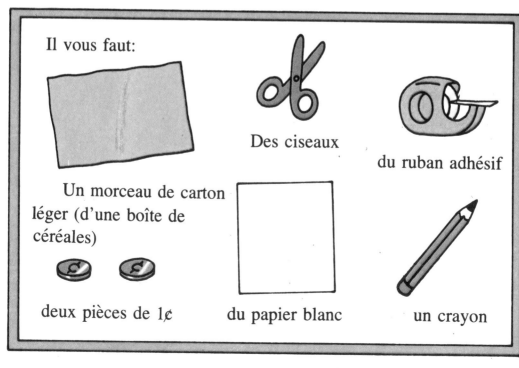

Il vous faut:

Des ciseaux

du ruban adhésif

Un morceau de carton léger (d'une boîte de céréales)

deux pièces de 1¢

du papier blanc

un crayon

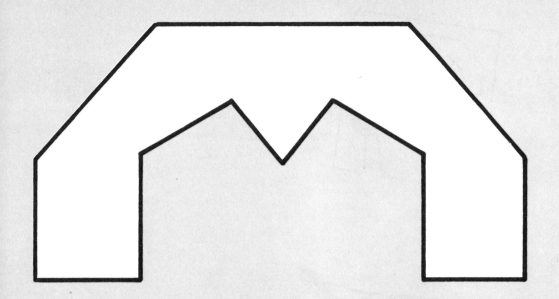

Modèle pour tracer

1 Placer un morceau de papier blanc sur la forme en haut de cette page.

2 Tracez autour de la forme.

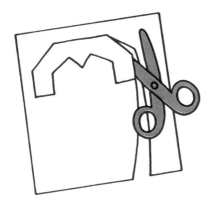

3 Découpez la forme que vous avez tracée.

4 Placez la forme sur le carton mince et dessinez-la.

5

Découpez la forme que vous avez dessinée sur le carton.

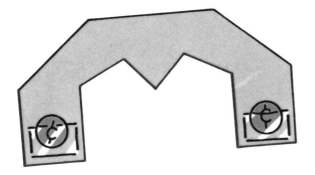

6

Collez deux pièces de 1¢ au bas de la forme, une à chaque extrémité.

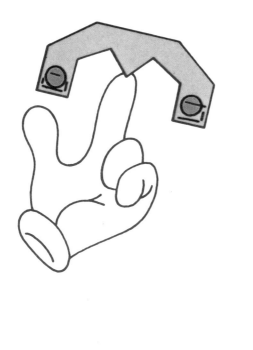

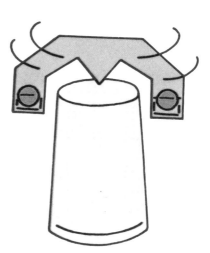

Maintenant, essayez d'équilibrer ce jouet au bout de votre doigt.

Faites-le tourner sur un verre retourné.

Il oscillera sur presque n'importe quoi!

Le petit hélicoptère

Voilà un jouet qui fonctionne comme un véritable
hélicoptère.

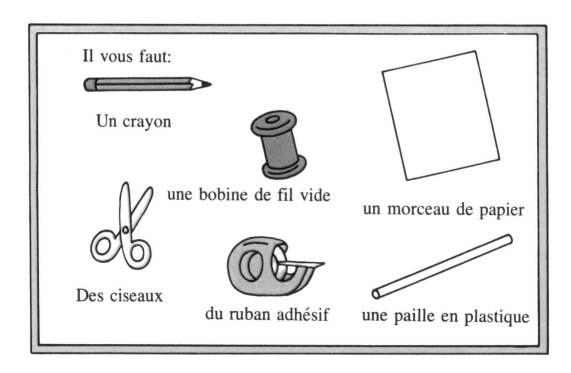

Il vous faut:

Un crayon

une bobine de fil vide

un morceau de papier

Des ciseaux

du ruban adhésif

une paille en plastique

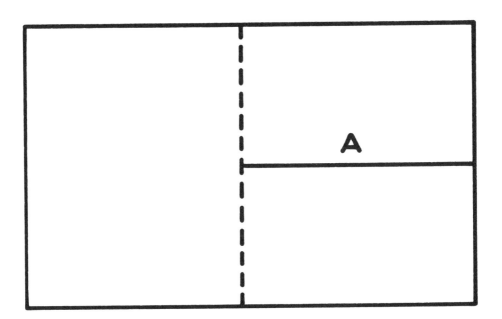

Modèle pour tracer

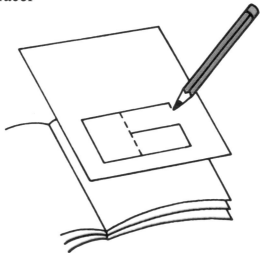

1 Placez un morceau de papier blanc sur le rectangle en haut de cette page.

2 Tracez le rectangle, la ligne A et la ligne pointillée.

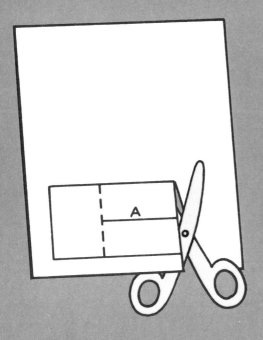

3 Découpez le rectangle que vous avez tracé.

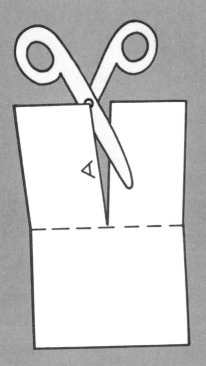

4 Coupez la ligne A pour faire deux volets.

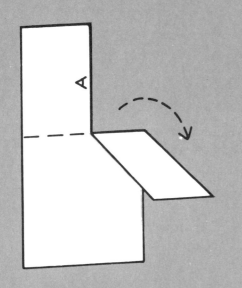

5

Rabattez un volet d'un côté de la ligne pointillée.

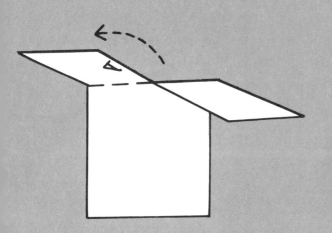

6 Rabattez l'autre volet de l'autre côté de la ligne pointillée.

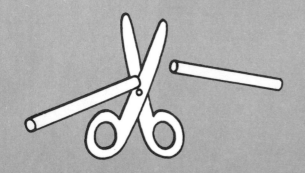

7 Coupez une paille en deux.

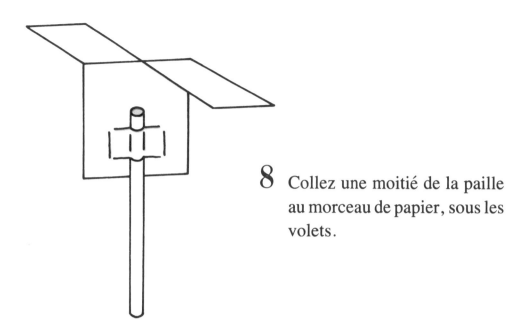

8 Collez une moitié de la paille au morceau de papier, sous les volets.

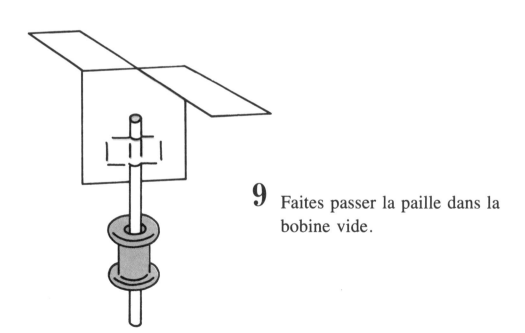

9 Faites passer la paille dans la bobine vide.

10 Pliez un petit bout de la paille dépassant de la bobine.

11 Collez-le à la bobine.

Voilà, le jouet est terminé.

Lancez-le en l'air.
Et voyez comme il tourne en descendant!

Plus vous le lancez haut, mieux il fonctionne.